DÉPARTEMENT DU NORD.

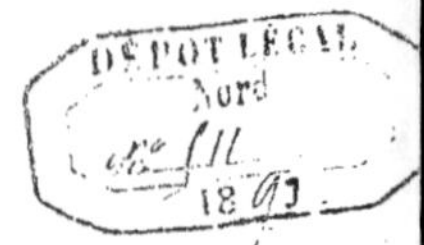

SANATORIUM DE S^T-POL-SUR-MER

Traitement maritime des Enfants rachitiques et scrofuleux

RAPPORT

Présenté par le Conseil d'administration du Sanatorium

SUR LE SERVICE EN 1892.

LILLE,
IMPRIMERIE L. DANEL.

1893.

RAPPORT

SUR LE

FONCTIONNEMENT GÉNÉRAL DU SANATORIUM DE SAINT-POL-SUR-MER

Présenté par la Commission administrative, composée de

MM. G^{es} VANCAUWENBERGHE, Maire de Saint-Pol-sur-Mer, Président;
le Dr G. DESMONS, Médecin major au 110e régiment d'infanterie, Secrétaire délégué;
J.-B. TRYSTRAM, Sénateur du Nord;
le Dr DRON, Député du Nord;
DURIEZ, Conseiller général, à Bourbourg;
CHARPENTIER, ancien Adjoint au Maire de Saint-Pol-sur-Mer;
LIAGRE, Adjoint au Maire de Saint-Pol-sur-Mer;
P. MARCHAND, Industriel à Dunkerque.

Le Sanatorium de Saint-Pol vient de terminer sa cinquième année d'existence; il peut aujourd'hui répondre par des faits aux quelques critiques émises contre son fonctionnement à ses débuts et présenter un ensemble de chiffres et de statistiques qui permettent de le comparer aux autres établissements similaires en France et à l'étranger, qui permettent aussi de juger de la valeur de la médication maritime dans les affections scrofuleuses, sur notre côte du Nord.

C'est tout d'abord notre situation géographique qui a été critiquée, et M. le docteur Rochard faisait les plus expresses réserves sur le choix des plages du Nord pour l'établissement de Sanatoria : « le climat écrivait-il, dans un travail cité par M. Jean Plichon, » se rapproche de celui de l'Angleterre et de la Hollande ; des brumes; des grands vents » d'ouest souvent violents, parfois aussi les vents âpres et glacés de la mer du Nord, une » température moyenne de 10°, peu de soleil, beaucoup d'humidité, en somme un climat » rigoureux ».

Cette appréciation sévère d'un maître était bien faite pour légitimer quelques hésitations. Aujourd'hui, l'expérience est venue infirmer ces craintes.

En Angleterre, en effet, la Sanatorium de Margatte est prospère ; il compte 250 lits toujours occupés et toujours insuffisants. Comme à Saint-Pol, l'établissement est ouvert toute l'année, et n'admet également que des scrofuleux proprement dits ; tout malade atteint de tuberculose pulmonaire ou même de bronchite suspecte est impitoyablement écarté.

Le Sanatorium de Margatte fonctionne depuis 1796, plus de 50.000 malades pauvres y ont été traités. L'année de l'ouverture, le chiffre des malades traités fut de 16 ; depuis longtemps, il dépasse 500 par an, quelquefois même 600 et 700 ; preuve évidente que ces malades y obtiennent de précieux résultats. Ce qui le prouve encore, c'est qu'aujourd'hui la Grande-Bretagne a créé de nouveaux Sanatoria sur le bord de la mer, à Hastings, Seaford, St-Léonard-on-Sea, Brighton et Bournemouth.

La Hollande citée également par le docteur Rochard obtient, elle aussi, de magnifiques résultats.

En 1865, le docteur Smits installait sur la plage de Zandwort (Hollande septentrionale) une petite maison maritime avec 16 lits pour le traitement des jeunes enfants scrofuleux. Les résultats obtenus par la médication maritime appliquée à la guérison des petits enfants pauvres éveilla l'attention publique et provoqua la création du Sanatorium de Scheveningue ; les débuts de ce grand établissement furent des plus modestes. La Haye avait prêté une baraque d'hôpital temporaire pour le traitement des scrofuleux. Aujourd'hui, cette installation primitive est remplacée par une construction monumentale dans le genre des hôpitaux de Berck, de Margatte et de Venise. Les résultats obtenus sont des plus satisfaisants et le chiffre des malades en traitement augmente chaque année.

Une nouvelle station a été créée à Wijk-aan-Zee, qui comptait en 1884, 77 enfants.

Plus au nord encore, nous trouvons le Danemarck avec son hôpital maritime de Refnaës et M. le docteur Enguestard au congrès international de Copenhague a fait voir à l'aide de graphiques et de nombreux tableaux statistiques la marche progressive de l'œuvre en Scandinavie, ainsi que les brillants résultats qu'on en obtient, même dans ce climat septentrional.

D'ailleurs, le mouvement a gagné la Russie qui a un Sanatorium pour les petits enfants scrofuleux à Oranienbaum, sur la rive méridionale du golfe de Finlande et sous le canon même de Cronstadt. Les résultats obtenus sont aussi remarquables que ceux que l'on enregistre dans les climats plus méridionaux.

Mais le Sanatorium auquel nous pouvons le mieux comparer celui de Saint-Pol est l'hôpital maritime de Middelkerque, fondé en 1882, grâce aux libéralités du baron de Grinberghe, ministre de Belgique à Constantinople qui légua aux hospices de la ville de Bruxelles, une somme de 508.000 fr. pour la construction au bord de la mer d'un hôpital destiné au traitement des enfants rachitiques et scrofuleux de l'agglomération bruxelloise. Comme partout ailleurs, les résultats obtenus sont extrêmement satisfaisants.

Il est donc bien évident, après ce court exposé, que le choix de la plage de Saint-Pol n'a pas été malheureux et que des faits d'observations journalières sont venus démontrer l'inanité des appréhensions du docteur Rochard.

Fonctionnement.

L'article 1er du traité de 1890 entre le département et M. Georges Vancauwenberghe, maire de Saint-Pol, agissant pour le compte et au nom de la commune, est ainsi conçu : « La commune de Saint-Pol s'engage à recevoir dans l'hôpital tous les enfants scrofuleux » et rachitiques, à peu près moitié garçons et moitié filles, que le département lui enverra, » sans que leur nombre total soit inférieur à 25 et puisse dépasser 50 ».

C'est donc dans la limite de cet article que le Sanatorium a dû fonctionner depuis lors.

En 1888, du 14 juin au 31 décembre, il recevait 20 enfants.

En 1889, il en recevait 34.

En 1890, il en recevait 34 également.

En 1891, il en recevait 49.

Et en 1892, il en recevait 37.

Pendant les 6 premiers mois de 1893, il en recevait 19.

Soit en cinq années 193 enfants hospitalisés et soignés au sanatorium.

Quant aux résultats obtenus, les voici relevés par année.

Année 1888.

N^{os} D'ORDRE.	GENRE DE LÉSIONS.	Nombre.	Guérisons	Améliorations.	État stationnaire.	Aggravations.	Décès.
1	Adénites...........................	4	2	2	»	»	»
2	Abcès froids.......................	1	»	1	»	»	»
3	Plaies, ulcères, fistules..............	»	»	»	»	»	»
4	Affections strumeuses des yeux	1	»	1	»	»	»
5	» » des oreilles	»	»	»	»	»	»
6	» » du nez	»	»	»	»	»	»
7	» » des os.........	1	»	1	»	»	»
8	» » des articulations	2	»	2	»	»	»
9	» » de la peau	2	1	1	»	»	»
10	Diathèse scrofuleuse, scrofulides multiples.............................	5	1	4	»	»	»
11	Autres maladies....	4	»	2	2	»	»
	Totaux......	20	4	14	2	»	»

Soit : guérison 20 %; amélioration 70 % et état stationnaire 10 %.

4

Année 1889.

N°s D'ORDRE.	GENRE DE LÉSIONS.	Nombre.	Guérisons	Amélio-rations.	État station-naire.	Aggra-vations.	Décès.
1	Adénites............................	7	3	4	»	»	»
2	Abcès froids...........................	6	3	3	»	»	»
3	Plaies, ulcères, fistules...............	»	»	»	»	»	»
4	Affections strumeuses des yeux.......	1	1	»	»	»	»
5	» » des oreilles	1	»	1	»	»	»
6	» » du nez.........	»	»	»	»	»	»
7	» » des os.........	»	»	»	»	»	»
8	» » des articulations	5	3	2	»	»	»
9	» » de la peau	4	3	»	1	»	»
10	Scrofulides multiples................	8	1	4	3	»	»
11	Autres maladies.................. ..	2	»	2	»	»	»
	Totaux......	34	14	16	4	»	»

Soit : guérison 41 %; amélioration 47 % ; état stationnaire 12 %.

Année 1890.

N°s D'ORDRE.	GENRE DE LÉSIONS.	Nombre.	Guérisons	Amélio-rations.	État station-naire.	Aggra-vations.	Décès.
1	Adénites............................	2	»	1	»	»	1
2	Abcès froids.......	2	2	»	»	»	»
3	Plaies, ulcères, fistules.	»	»	»	»	»	»
4	Affections strumeuses des yeux.......	»	»	»	»	»	»
5	» » des oreilles	1	»	»	1	»	»
6	» » du nez.........	»	»	»	»	»	»
7	» » des os	2	»	1	1	»	»
8	» » des articulations	8	3	1	3	»	1
9	» » de la peau	10	6	3	1	»	»
10	Scrofulides multiples	8	3	3	2	»	»
11	Autres maladies....................	1	»	1	»	»	»
	Totaux......	34	14	10	8	»	2

Soit : guérison 41 % ; amélioration 29,5 % ; état stationnaire 23,5 % ; 6 % de décès.

Année 1891.

Nos D'ORDRE	GENRE DE LÉSIONS.	Nombre.	Guérisons	Amélio-ration.	État station-naire.	Aggra-vations.	Décès.
1	Adénites............................	8	3	4	1	»	»
2	Abcès froids	2	2	»	»	»	»
3	Plaies, ulcères, fistules	3	3	»	»	»	»
4	Affections strumeuses des yeux........	4	2	2	»	»	»
5	» » des oreilles	1	1	»	»	»	»
6	» » du nez........	»	»	»	»	»	»
7	» » des os........	3	»	2	1	»	»
8	» » des articulations	7	1	4	2	»	»
9	» » de la peau.....	2	»	2	»	»	»
10	Scrofulides multiples..	11	4	4	3	»	»
11	Autres maladies.....................	8	2	5	1	»	»
	Totaux......	49	18	23	8	»	»

Soit : 36,7 % de guérison ; amélioration 47 % ; état stationnaire 16,3 %.

Année 1892.

Nos D'ORDRE.	GENRE DE LÉSIONS.	Nombre.	Guérisons	Amélio-ration.	État station-naire.	Aggra-vations.	Décès.
1	Adénites............................	6	4	2	»	»	»
2	Abcès froids...............	4	1	3	»	»	»
3	Plaies, ulcères, fistules..............	»	»	»	»	»	»
4	Affections strumeuses des yeux.......	1	1	»	»	»	»
5	» » des oreilles....	»	»	»	»	»	»
6	» » du nez........	»	»	»	»	»	»
7	» » des os........	5	»	3	1	»	1
8	» » des articulations	8	3	4	1	»	»
9	» » de la peau.....	3	2	1	»	»	»
10	Scrofulides multiples...............	9	»	6	3	»	»
11	Autres maladies.....................	1	»	1	»	»	»
	Totaux......	37	11	20	5	»	1

Soit : guérison 30 % ; amélioration 54,3 % ; état stationnaire 13 % ; décès 2,7 %.

Les résultats généraux se présentent donc de la façon suivante :

ANNÉES.	NOMBRE DE MALADES.	Guérisons $^{o}/_{o}$	Amélio-rations. $^{o}/_{o}$	État station-naire. $^{o}/_{o}$	Aggra-vations.	Décès.	»
1888	20 malades	20	70	10	»	»	»
1889	34 d°	41	47	12	»	»	»
1890	34 dⁿ	41	29,5	23,5	»	6	»
1891	49 d°	36,7	47	16,3	»	»	»
1892	37 dⁿ	30	54,3	13	»	2,7	»
	174 malades						

Les malades de 1893 (19) ne sont pas compris dans ce tableau ; tous sont en cours de traitement.

En résumé, sur 174 malades traités de 1888 à 1893, 61 ont été guéris ; 83 améliorés ; 27 sont restés stationnaires ; 3 sont morts ; soit : 35 % de guérisons ; 47 % d'améliorations et 15,5 % stationnaires, avec 2,5 % de décès. C'est-à-dire : 82 % de succès et 18 % d'insuccès.

Voici d'ailleurs un résumé des observations journalières prises par M. le Docteur Bernard, chirurgien en chef du Sanatorium ; il permet de juger sûrement des résultats obtenus.

1° D........ (JOSEPH-LUCIEN), 3 ans, arrivé au sanatorium le 12 juin 1889, parti le 13 octobre 1892.

A son arrivée, cet enfant est atteint de rachitisme, de ganglions sous-maxillaires, ne peut marcher. A son départ, il court, est redressé, est vigoureux. Il pesait 10 kilog. 400 à son arrivée, à son départ 18 kilog. 200.

2° B........ (CHARLES), 9 ans, hospice de Lille. Arrivé le 12 juin 1889 au sanatorium et parti le 18 avril 1892.

Tumeur blanche du genou gauche ; il ne peut marcher, abcès qui fut ouvert, appareil ouaté silicaté renouvelé six ou sept fois pour lui consolider l'articulation. A son départ, il est guéri et marche, l'articulation du genou étant ankylosée. A son arrivée, il pesait 21 kilog. 600, à son départ, 29 kilog. 500.

3° B............ (GEORGES), 11 ans, hospice de Lille. Arrivé le 12 juin 1889.

Adénites multiples de la joue droite et gauche sous maxillaires, cervicales et axillaires. Deux adénites du cou ont suppuré en février 1892. Cet enfant a subi des récidives toutes les années, c'est pourquoi on l'a gardé si longtemps au sanatorium. Il est vigoureux et pesait à son arrivée 25 kilog. 300 ; au 1ᵉʳ janvier 1893, 37 kilog. 300.

4° S....... (GEORGES), 12 ans, hospice de Lille. Arrivé le 12 juin 1889, parti le 18 avril 1892.

Impetigo-scrofuleux, constitution délicate. Son impetigo a été guéri en un seul an et cet enfant s'est fortifié et était vigoureux à son départ, complètement guéri. Il pesait à son arrivée 23 kilog. 200, à son départ 31 kilog. 200.

5° D......... (LOUIS), 14 ans, arrivé le 12 juin 1889, parti le 18 avril 1892.

Lupus de la lèvre inférieure et des ailes du nez. Pendant les 3 ans que cet enfant passait au sanatorium, il eut quatre récidives qui furent traitées au thermo-cautère. Le métacarpien, s'articulant avec la phalange du gros orteil gauche fut pris à son tour et dut être enlevé. A la fesse gauche, le lupus apparut et le thermo-cautère fut employé. Enfin, ce garçon partit non guéri mais plus fort. Il pesait à l'arrivée 23 kilog. 800, au départ 30 kilog. 500. On ne devrait plus envoyer de lupus au sanatorium.

6° H......... (ALBERT), de Lille, 12 ans. Arrivé le 9 avril 1890, parti le 6 octobre 1892.

Adénite du creux de l'aisselle suppurée, scrofuleux.

Il fut guéri en 1890 de son adénite; en 1891 et 1892, il devint fort et vigoureux. Sa taille à l'arrivée était de 1^{m}38, à son départ de 1^{m}58; il pesait 30 kilog. 500, au départ 43 kilog. 300.

7° L............, 9 ans, arrivé le 13 mai 1890, parti le 18 avril 1892.

Ostéite tuberculeuse de la mâchoire inférieure, des deux poignets, des métacarpiens de la main gauche, tumeur blanche des deux articulations tibio-tarsiennes des deux pieds. Cet enfant chétif, très anémié.

Les métacarpiens ont été enlevés et la main gauche guérie : des appareils silicatés furent placés aux articulations tibio-tarsiennes, et ce garçon fut guéri de cette infirmité. Il était plus vigoureux quand il était parti, mais il faisait des tubercules et a été renvoyé. A son arrivée, son poids était de 21 kilog. 600; à son départ de 26 kilog. 400.

8° C............ (ALBERT), 7 ans, de Lille. Arrivé le 13 mai 1890. Scrofuleux. Adénite suppurée de la région cervicale; abcès par congestion de la région dorsale, faible, anémié.

Au 1er janvier 1893, il est devenu vigoureux, mais il a eu en mars 1892 une nouvelle poussée tuberculeuse qui me l'a fait conserver en 1893. Il pesait, à son arrivée, 16 kilog.; au 1er janvier 1893, 19 kilog. 700.

9° D...... (RENÉ), 4 ans; arrivé le 13 mai 1890.

Mal de Pott — légèrement tuberculeux.

Pendant les deux ans qu'il a passés au Sanatorium, il a eu six corsets de Sayre, ce qui lui permettait de marcher et de courir. A son arrivée, il pesait 11 kilog.; au 1er janvier 1893, 13 kilogrammes.

10° C............ (GEORGES), 9 ans; arrivé le 30 juin 1890, parti le 8 octobre 1892.

Mal de Pott lombaire, ne peut marcher qu'avec une béquille et péniblement. Il reste couché dans une gouttière pendant six mois, puis a eu six corsets de Sayre, Il était guéri en 1892 et marchait avec un appareil redresseur très facilement. Pesait 27 kilog. 200; à son départ, 30 kilog 500

11° P.......... (Ferdinand), 6 ans ; arrivé le 30 juin 1890, parti le 18 avril 1892.

Abcès ossifluents du coude et du poignet droits. Abcès ossifluents de la région tarsienne du pied gauche. En un an, il fut guéri de tous ces abcès. Je faisais manœuvrer son articulation du coude tous les jours et il put arriver à le fléchir comme nous. Il devint très fort et très vigoureux ; pesait 16 kilog. 200 à son arrivée ; à son départ, 20 kilog 700.

12° B............ (Victor), du Cateau, 17 ans ; arrivé le 9 mars 1891, parti le 7 octobre 1892.

Tuberculeux. Séquestre des deux tibias, fut opéré à Lille par M. Dubar, devint plus fort, plus vigoureux ; son poids était de 29 kilog. à son arrivée ; à son départ, de 38 kilog.

13° M............ (Léon), arrivé le 21 avril 1891, parti le 7 octobre 1892.

Scrofulides avec lésions osseuses de la joue — abcès de l'aisselle gauche. Ces scrofulides et son abcès furent guéris en 1891. En 1892, il se fortifia et gagna de son arrivée 49 kilog. 700, 7 kilog. 800 ; à son départ, il pesait 57 kilog. 500.

14° D............ (Louis), 10 ans, arrivé le 21 avril 1891, parti le 18 avril 1892.

Résection de la hanche, faite par M. Dubar, à Lille ; lui reste une fistule qui se guérit dans l'année. En 1892, il s'est beaucoup fortifié ; pesait à son arrivée 20 kilog. 900 ; à son départ, 25 kilog.

15° D.......... (Joseph), de Lille, arrivé le 21 avril 1891.

Tumeur blanche au genou gauche — faible — anémié. Appareil silicaté qu'on changea six fois. Plus fort, plus vigoureux ; pesait à son arrivée 17 kilog. 500 ; au 1ᵉʳ janvier 1893, 20 kilog. 700.

16° L..... (Adolphe), de Denain, arrivé le 21 avril 1891, parti le 23 avril 1892.

Abcès froids du cou et de la face. Guéri de ces abcès dans sa première année ; s'est très notablement fortifié. A son arrivée, pesait 26 kilog. ; à son départ, 34 kilog. 300.

17° D............... (Pierre), 17 ans, arrivé le 21 avril 1891, parti le 7 octobre 1892.

Coxalgie suppurée avec trois fistules. Toutes ces fistules sont guéries depuis janvier 1892 ; s'est bien fortifié et pesait à son arrivée 33 kilog. et est parti pesant 44 kilog.

18° G.......... (Fernand), 7 ans, arrivé le 7 juillet 1891, parti le 18 décembre 1892.

Gomme tuberculeuse de la cuisse droite. Guérie dans son année ; s'est notablement fortifié. Taille à l'arrivée, 1ᵐ,08 ; au départ, 1ᵐ,12, Poids, 16 kilog. 900 ; au départ, 20 kilog. 200.

19° L........ (Élie), 10 ans, arrivé le 10 juillet 1891. parti le 19 octobre 1892.

Scrofuleux. — L'enfant ne voit pas pour se diriger ; œil droit tout à fait perdu, œil gauche très malade. Quitte le Sanatorium en pleine voie de guérison, marche, court sans le secours de personne ; son œil va beaucoup mieux. Poids : 24 kilog. ; au départ. 28 kilog. 800.

20° C.......... (FLORENT), 14 ans, de Lille, arrivé le 27 juillet 1891.

Coxalgie gauche datant de 12 ans, avec 15 trajets fistuleux.

Injection de liqueur de Villatte, d'acide phénique, d'éther ioduformé. A la fin de décembre 1892, il ne reste plus que trois fistules qui ne donnent ensemble pas plus d'un dé à coudre. Est mieux ; marche et mange bien. Poids à l'entrée, 27 kilog. 500 ; au 1er janvier 1893, 33 kilog. 200.

21° G......... (PAUL), 15 ans, de Lille, arrivé le 22 août 1891.

Trois fistules du fémur gauche à sa partie inférieure. Il ne lui reste plus qu'une fistule en janvier 1893 ; se porte bien. Poids à l'entrée, 33 kilog. 300 ; en janvier 1893, 41 kilog. 700.

22° L....... (LUCIEN), de Lille, 11 ans ; arrivé le 22 août 1891.

Résection du genou gauche par M. Phocas, il lui reste trois fistules. Arthrite tuberculeuse de l'articulation tibio-tarsienne droite. Guéri de ses fistules en janvier 1893, de son arthrite aussi ; mais il lui est survenu, en décembre 1892, deux abcès que j'ai ouverts, aux côtés externes des deux cuisses. — Enfant triste. — Poids à l'arrivée, 25 kilog. 400 ; en janvier 1893, 23 kilog. 200.

23° C........ (JULES), de Lille, 7 ans, arrivé le 22 avril 1891, parti le 9 octobre 1892.

Résection de la hanche ; lui reste 3 fistules en pleine suppuration ; guéri de ses fistules en avril 1892. S'est beaucoup fortifié ; pèse 18 kil. à son arrivée ; à son départ 21 kil. 200.

24° M......... (FRANÇOIS), 5 ans, arrivé le 22 août 1891 ; parti le 22 octobre 1892.

Atteint de coxalgie. Subit la résection par M. Phocas à Lille. 4 fistules lui restent donnant beaucoup de pus, avec cela otite moyenne.

En janvier 1892 est guéri de ses fistules et de son otite. Part guéri et fortifié. Poids à son arrivée 14 kilog. 500 ; à son départ 17 kilog. 500.

25° N....... (MAURICE), 9 ans. arrivé le 11 septembre 1891.

Coxalgie ancienne, chétif, anémié. Reprend des forces ici. Pesait à son arrivée 19 kilog. 500 ; au 1er janvier 1892, 23 kilog. 700.

26° D....... (STÉPHANE), 9 ans, arrivé le 24 septembre 1891, parti le 17 avril 1892. Vieux mal de Pott. Rien à faire qu'à le fortifier. Il pesait à son arrivée 16 kilog. ; à son départ, 18 kilog. Il s'est un peu fortifié.

27° J... (ALBERT), 11 ans, Dunkerque, arrivé le 19 octobre 1891.

Adénites strumeuses multiples, teigne. La teigne m'a beaucoup préoccupé, mais enfin en 8 mois je l'en ai débarrassé par le curettage et il est devenu vigoureux et fera un solide garçon. Pesait à son entrée 28 kilog. ; pèse le 1er janvier 1893, 33 kilog. 700.

28° L........... (PIERRE), de Loon, 9 ans, arrivé le 19 avril 1892.

Scrofuleux-anémié-adénite sous-maxillaire suppurée. Le tout guéri en son année ; devient plus fort. Son poids est de 17 kilog. 200 ; au 1er janvier 1893 de 18 kilog. 500.

29° L.......... (JULES), 8 ans, Cambrai, arrivé le 28 mai 1892.

Scrofuleux ganglions cervicaux nombreux anémié. A repris des forces et augmente de poids : A son arrivée pesait 17 kilog. 700, au 1ᵉʳ janvier 1893, 21 kilog. 300.

30° W...... (GEORGES), 3 ans, Lille, arrivé le 8 mai 1892.

Scrofuleux et rachitique, a le carreau et ne peut marcher. A la fin de son année, il marche et pèse le 8 mai 10 kilog. 500 et au 1ᵉʳ janvier 1893, 13 kilog. 400.

31° D.......... (MAURICE), 7 ans, de Lille, arrivé le 15 mai 1892.

1° Scrofulide à la joue droite ; 2° plaie scrofulo-tuberculeuse du menton ; 3° à la main droite, suppuration de la 3ᵉ phalange de l'auriculaire et suppuration de la 2ᵉ phalange du médius ; 4° fistule d'un abcès à la face externe du genou gauche.

Au 1ᵉʳ janvier 1893, guéri de toutes ses plaies, s'est fortifié sensiblement.

Poids à l'arrivée : 20 kilog. 500. Taille 1ᵐ12. Périmètre thoracique 53 cᵐ 1/2. Au 1ᵉʳ janvier 1893, poids : 22 kilog. 800.

32° D........... (HENRI), de Dunkerque, 6 ans, arrivé le 16 mai 1893.

Coxalgie droite avec empatement de la région, ne peut marcher que difficilement.

Ce garçon est placé dans une gouttière. Taille 1ᵐ005. Périmètre thoracique 54 ᶜᵐ. Poids à l'arrivée : 16 kilog. ; au 1ᵉʳ janvier 1893, 17 kilog. 700.

33° L.......... (GEORGES), 10 ans, du Cateau, arrivé le 30 mai 1892.

Arthrite fongueuse du métatarse gauche, appareil ouaté et silicaté, déjà amélioré au 1ᵉʳ janvier 1893. Taille 1ᵐ24. Périmètre thoracique 65 ᶜᵐ. Poids à l'arrivée 24 kilog. au 1ᵉʳ janvier 1893 , 27 kilog. 700.

34° D............ (ÉLOI), 15 ans, Merville, arrivé le 11 juillet 1892.

Abcès de la joue en voie de cicatrisation, adénite suppurée sous-maxillaire de 2ᶜᵐ de diamètre.

Au 1ᵉʳ janvier 1893, abcès guéri ainsi que l'adénite suppurée. Taille 1ᵐ37. Périmètre thoracique 66 ᶜᵐ. Poids : 30 kilog. ; au 1ᵉʳ janvier 1893 , 33 kilog. 700. Mieux, plus vigoureux.

35° R.......... (EUGÈNE), 16 ans, de Valenciennes, arrivé le 14 juillet 1892.

Adénites suppurées de la région cervicale. Taille 1ᵐ34. Périmètre thoracique 66 ᶜᵐ. Poids : 29 kilog. 200 ; au 1ᵉʳ janvier 1893 , 30 kilog. 700. Mieux portant.

36° P.......... (MAURICE), de Lille, 7 ans 1/2, arrivé le 15 juillet 1892.

Scrofuleux abcès situés des deux côtés de la région cervicale et de la région inguinale gauche, au 1ᵉʳ janvier guéri de ses abcès. Taille 1ᵐ18. Périmètre thoracique 63ᶜᵐ. Poids à l'arrivée : 23 kilog. 700 ; au 1ᵉʳ janvier 1893, 25 kilog. 500. Mieux guéri.

37° B............... (LAURENT), de Dunkerque, 7 ans, arrivé le 20 juillet 1892, parti le 6 septembre 1892

Cyphose inguérissable. Très faible, très anémié. L'enfant s'est très rapidement fortifié et est beaucoup plus vigoureux. Taille : 1ᵐ17 ; au départ : 1ᵐ18. Périmètre thoracique 52ᶜᵐ ; 53ᶜᵐ au départ. Poids 16 kilog. 300 ; au départ 17 kilog. 800.

38° D............ (ACHILLE), 8 ans, de Lille ; arrivé le 13 novembre 1892.
Mal de Pott. Docteur Richard.

Il a une scoliose des vertèbres cervicales et des premières dorsales déjà fort prononcée, peu d'espoir de guérison.

Taille, 1ᵐ,01, Périmètre thoracique, 53ᶜᵐ. Poids, 14 kilog. 500, au 1ᵉʳ janvier 1893, 15 kilog. 800.

Des 38 garçons en traitement au Sanatorium, 19 l'ont quitté en 1892, dont : 1° D...... ; 2° B....... ; 3° S..... ; 4° H........ ; 5° C............ ; 6° P......... ; 7° B......... ; 8° M.......... ; 9° D......... ; 10° L... ; 11° D........... ; 12° G........ ; 13° L...... ; 14° C...... ; 15° M....... ; 16° B..........

16 dont les noms précèdent sont partis parfaitement guéris et tous sont devenus plus vigoureux.

Les trois autres partis, 1° D...... ; 2° L..........., et 3° D....., fort améliorés mais non guéris.

1° L.......... (MARIE), de Tourcoing, 14 ans. Arrivée le 12 juin 1889, partie le 22 août 1892.

Tumeur blanche du genou gauche, ankylose du membre inférieur à angle droit. Scrofuleuse.

Redressé l'articulation et rendu le membre droit. — Appareil silicaté ouaté, plusieurs fois renouvelé. Partie guérie. beaucoup plus vigoureuse.

Poids: 23 kilog. ; au départ. 42 kilog.

2° L............. (JEANNE-MARIE), 7 ans. Arrivée le 10 mai 1890.
Scrofuleuse. Impétigo du cuir chevelu. Blépharo-Conjonctivite chronique.

S'est beaucoup fortifiée, l'impétigo du cuir chevelu a disparu ainsi que la blépharo conjonctivite. Poids, 17 kilog. ; au 1ᵉʳ janvier 1893, 22 kilog. 300.

3° R......... (ÉMILIE), hospice de Lille, 4 ans. Arrivée le 13 mai 1890 ; partie le 17 octobre 1892.

Scrofuleuse et rachitique ; ne pouvait marcher.

Marche, est parfaitement guérie et très fortifiée.

Poids, 13 kilog. ; au départ, 18 kilog. 100. Périmètre thoracique, 50 centimètres à l'arrivée ; au départ, 56 centimètres.

4° B............ (MARIA), hospice de Lille. Arrivée le 13 mai 1890 ; partie le 17 octobre 1892.

Scrofuleuse. Genu valgum gauche. Appareil redresseur.

Partie guérie. Poids, 17 kilog. 500 ; au départ, 23 kilog. 400. Périmètre thoracique. 51 centimètres ; au départ, 59 centimètres.

5° D............. (RACHEL), hospice de Lille, 3 ans. Arrivée le 13 mai 1890 ; partie le 18 avril 1892.

Ne peut marcher. Rachitisme dû à une prédisposition congénitale.

Complètement guérie. Très forte. Poids, 10 kilog. 200 ; au départ, 16 kilog. 500. Périmètre thoracique, 46 centimètres ; au départ 54 centimètres.

6° P....... (ÉLISE), 13 ans. Arrivée le 13 mai 1890.

Tumeur blanche du genou droit. Ne peut marcher à son arrivée. Elle a eu un abcès ouvert et drainé, et plusieurs appareils silicatés. Elle est guérie avec ankylose.

Poids, 1er janvier 1892, 46 kilog. 600 ; au 1er janvier 1893, 54 kilog. 500. — Très forte, très vigoureuse.

7° D............. (MARIE), 14 ans, Lille. Arrivée le 2 août 1890.

Arthrite spongieuse de l'articulation tibio tarsienne droite avec fistules.

Appareil ouaté et silicaté, — Guérie. Singulièrement fortifiée. Poids, 35 kilog. 200 ; au 1er janvier 1893, 54 kilog. 500.

8° V............... (BERTHE), de Dunkerque. Arrivée le 25 novembre 1890 , partie le 2 avril 1892.

Coxalgie gauche au début. Immobilisée dans une gouttière.

En 1892, guérie ; devenue très forte. Poids à l'arrivée, 10 kilog. 900 ; au départ, 13 kilog. 700.

9° M...... (MARIE), 9 ans. Arrivée le 21 avril 1891.

Scrofuleuse et rachitique. — Se redresse et fortifie. — Pèse 26 kilog. ; au 1er janvier 1893, 33 kilog. 500.

10° M......... (MARIE), 14 ans, hospice de Lille. Arrivée le 21 avril 1891, partie le 21 avril 1892.

Lymphatique. — Dilatation de l'estomac. — Devient forte et vigoureuse. — Son estomac est guéri. Elle se développe considérablement.

Taille, 1m,39 ; au départ, 1m,41. Poids, 43 kilog. ; au départ, 47 kilog.

11° G....... (JULIE), 16 ans, hospice de Lille. Arrivée le 21 avril 1891.

Scrofuleuse. — Adénites suppurées sous-maxillaires et axillaires.

Guérie de ses adénites. — Elle part guérie et fortifiée le 17 octobre 1892. Taille, 1m,47 ; au départ, 1m,51. Poids, 37 kil. ; au départ, 42 kilog. 500.

12° B....... (GABRIELLE), 13 ans, de Lille. Arrivée le 21 avril 1891, partie le 17 avril 1892.

Vieille coxalgie avec 3 fistules. Guérie de ses fistules, mais non de sa coxalgie.

Poids, 24 kilog. 900 ; au départ, 33 kilog.

13° W............ (MATHILDE), 19 ans, de Lille, arrivée le 21 avril le 1891 partie le 18 avril 1892.

Tuberculose locale. Gomme tuberculeuse de la cuisse gauche. Après plusieurs curettages, sa plaie ne se guérit point. Elle pèse : 54 kilog. 700 ; au départ, 51 kilog. 200 ; elle quitte le Sanatorium par discipline.

14° Q......... (LAURE), de Dunkerque, 3 ans, arrivée le 8 septembre 1891, partie le 8 octobre 1892.

Scrofuleuse, très anémiée. Elle est guérie, très fortifiée. Taille 0^m97, au départ, 1^m01. Poids : 12 kilog 100 ; au départ, 18 kilog. 400.

15° H......... (CORALIE), 12 ans, de l'hospice de Lille, arrivée le 24 septembre 1891.

Scrofuleuse, ganglions du cou. — Beaucoup mieux, fortifiée. Poids : 26 kilog. 500, au 1er janvier 1893, 34 kilogrammes.

16° D....... (LÉONIE), de Lille, 12 ans, arrivée le 24 septembre 1891.

Abcès scrofuleux chroniques de la région cervicale. Guérie de ses abcès. Beaucoup mieux. Au 1er janvier 1892, 28 kilog. 500 ; au 1er janvier 1893, 32 kilos 500.

17° V........... (JEANNE), de Tourcoing, 13 ans, arrivée le 24 septembre 1891. Mal de Pott lombaire. Appareil de Sayre trois fois renouvelé. Est beaucoup mieux. Au 1er janvier 1892, 30 kilog. 600 ; au 1er janvier 1893, 33 kilog. 200.

18° D.........., de Roubaix, 14 ans, arrivée le 1er octobre 1891, partie le 17 avril 1892.

Coxalgie. Est dans une gouttière jusqu'en décembre 1891. Guérie, très notablement fortifiée. Taille : 1^m32 ; au départ, 1^m36. Poids : 35 kilog. 560 ; au départ, 40 kilog. 200.

19° V.............. (ÉLISE), de Saint-Pol, 17 ans, arrivée le 22 octobre 1891.

Carie du métatarsien du gros orteil. Guérie après avoir enlevé le métatarsien, fortifiée. Taille 1^m54 ; au 1er janvier 1891 : 46 kilog. 500 ; au 1er janvier 1893 : 55 kilog.

20° W........ (AMANDINE), de Lille, 12 ans, arrivée le 11 décembre 1891.

Atteinte depuis 2 ans d'un engorgement maxillaire avec brides cicatricielles à gauche. Eczéma impétigineux du cuir chevelu. Guérie de son eczéma. Poids 23 kilog. 500 ; au 1er janvier 1893 : 31 kilog. 400.

21° D.............. (MARIE), de Lille, 2 ans, arrivée le 28 décembre 1891, partie le 18 janvier 1892.

Paralysie infantile. Est restée 20 jours au Sanatorium et ne peut être guérie de cette affection.

22° A......... (Jeanne), 12 ans, arrivée le 28 décembre 1891.

Scrofuleuse, adénites sous-maxillaires suppurées. Guérie dans son année de ses adénites, devenue plus vigoureuse, bon appétit.

Taille : 1ᵐ51 ; poids : 42 kilog., 1ᵉʳ janvier 1893, 52 kilog. 400.

23° A....... (Clémence), 3 ans, de Lille, arrivée le 8 février 1892.

Tumeur blanche du genou droit. Le membre inférieur est à angle droit. Abcès ouvert et redressement du membre. Poids : 11 kilog., 1ᵉʳ janvier 1893, 13 kilog. 200.

24° P....... (Georgette), Roubaix, arrivée le 6 avril 1892, partie le 24 avril 1893.

Cyphose dont le volume est celui d'un poing d'homme. Arrivée un an trop tard. A renvoyer.

25° M....... (Julia), 3 ans, Dunkerque, arrivée le 8 mai 1892.

Cyphose à la carreau. Un mieux sensible chez elle.

Poids : 8 kilog. ; 1ᵉʳ janvier 1893, 10 kilog 500.

26° L......... (Juliette), 13 ans, Lille, arrivée le 15 mai 1892.

Scrofuleuse. Abcès à gauche en avant de l'oreille ; abcès sous-maxillaire.

Mieux appréciable. Taille 1ᵐ52. Périmètre thoracique 56ᶜᵐ. Poids : 27 kilog. ; au 1ᵉʳ janvier 1893, 27 kilog. 300.

27° D.......... (Marie), 3 ans, Cambrai, arrivée le 21 mai 1892.

Scrofuleuse. Abcès sous-maxillaire. Guérie de ses abcès.

Poids : 11 kilog. ; au 1ᵉʳ janvier 1893 : 13 kilog. 500.

28° D..................... (Anna), Roubaix, arrivée le 16 juillet 1892, partie le 2 novembre 1892.

Mal de Pott, anémiée. Mieux sensible ; plus vigoureuse.

Poids : 11 kilog. 100 ; au départ, 12 kilog. 500.

29° D......... (Élise), 12 ans, Cambrai, arrivée le 30 avril 1892.

Abcès ganglionnaires du cou et du menton. Guérie de ses abcès.

Taille 1ᵐ36 ; Périmètre thoracique, 0ᵐ71, Poids : 31 kilog. ; au 1ᵉʳ janvier 1893, 37 kilog.

30° G.......... (Jeanne), de Dunkerque, 7 ans, arrivée le 15 décembre 1892.

Adénites suppurées du cou, de l'aisselle, plaie au sternum et au coude.

Taille : 1ᵐ06. Périmètre thoracique 0ᵐ50. Poids : 16 kilog. ; au 1ᵉʳ janvier 1893 : 17 kilog. 100.

31° L........ (Adeline), de Lille, 8 ans, arrivée le 16 octobre 1892.

Atrophie musculaire. Parésie du membre inférieur droit. — Un peu mieux

Poids, 17 kilog. 200 ; 1ᵉʳ janvier 1893, 18 kilog. 600.

31 enfants ont été soignées au Sanatorium, dont 14 sont parties en 1892.

Celles dont les noms suivent sont parties guéries :

1° L........; 2° R.......; 2° B........; 4° D.........; 5° V............; 6° M.......; 7° G.....;
8° B......; 9° D....; 10° D.......; 11° D..............

Toutes ces onze sont parties guéries et devenues plus vigoureuses.

D......... et P..... ont été renvoyées dans le mois sans espoir de les guérir.

W....... a quitté le Sanatorium ; stationnaire.

Donc : onze de guéries.

**La statistique des résultats obtenus au Sanatorium de Saint-Pol
doit être comparée à celle des établissements similaires.**

ANNÉES.	VILLES.	GUÉRISONS et AMÉLIORATION Succès %.	ÉTAT STATIONNAIRE et DÉCÈS Insuccès %.
1888–93	Saint-Pol-sur-mer....	82 »	18 »
1861–65	Berck-sur-mer............	86,1	13,9
1875–76	d° petit-hôpital.................	88,6 .	11,4
1869–82	d° grand hôpital.................	73,8	26,2
	Hospices italiens de Fano, Rumini, Sestri......	89,4	10,6
	Hôpital du Lydo, à Venise....................	95,3	4,7
1872–75	Hospice de Loano........................	95 »	5 »
1878 »	d°	96 »	4 »
1879 »	d°	97,9	2,1
1884 »	Hospice Cagliari............	94 »	6 »
1876–79	Hôpital de Margatte	95,3	4,7
1881 »	d°	93,2	6,8
1877–80	Hôpital de Scheveningue....................	90 »	10 »
1882 »	d°	88 »	12 »

M. Van Merris, auquel j'emprunte ces résultats statistiques, fait observer que les Italiens envoient à leurs asiles des enfants moins malades que ceux de Berck, puisque leur système a pour but de prévenir la scrofule plutôt que de la guérir. Les ospizii reçoivent ainsi des enfants portant des affections légères, qu'une saison de bains peut rapidement transformer. Il en est, sans doute, de même à Margatte et Scheveningue. Berck et Saint-Pol reçoivent des malades qu'il faut guérir, et l'on n'y parvient que par la permanence et la longue durée du traitement.

Je n'ai pas trouvé de statistique pour l'hôpital de Middlekerque. A côté de ces chiffres, ceux obtenus dans l'année sont également très instructifs et font ressortir cette vérité, que les enfants doivent être envoyés jeunes au Sanatorium. L'enfance, dit encore M. le D<r> Van Merris, est l'âge par excellence où l'organisme répond admirablement à toutes les impressions bonnes ou mauvaises qu'il reçoit, et où, comme une cire molle, il en garde fidèlement l'empreinte. C'est à cet âge que la diathèse scrofuleuse se présente à nous dans toute sa nudité, j'allais presque dire sa virginité, sans que la marche et les caractères de ses manifestations soient troublés par les influences latérales qui interviennent plus tard.

Les scrofules les plus tardives sont aussi les plus profondes, les plus malignes, les plus rebelles à toutes médications.

Cette notion est extrêmement importante et doit déterminer la règle de l'envoi au Sanatorium des plus jeunes enfants.

Le tableau ci-dessous confirme cette proposition.

Statistique de l'Armée.

ANNÉES.	VILLES.	Succès %	Insuccès %
1872-80	Plage de l'Ouest.....	75.6	24,4
»	Plage du Nord, Dunkerque (hôpital)..........	76,6	23,4
»	dᵒ Calais (hôpital)...............	77,5	22,5
»	dᵒ Dunkerque (subsistants)	75,8	24,2
»	dᵒ Dieppe (subsistants)..........	67 »	33 »
»	Plages du Midi............................	80 »	20 »

Comme il est facile de s'en rendre compte, ces chiffres qui concernent des adultes sont plus faibles que ceux des succès relatifs aux enfants, et ce résultat est d'observation constante.

L'article 2 de la convention qui lie la commune de Saint-Pol au département, pour le fonctionnement du sanatorium, fixe ainsi le prix de journée :

« Le prix de la journée à payer à la commune de Saint-Pol par le département sera de » 1 franc 50 par enfant et couvrira en plus de la nourriture, des bains, du logement, de » l'entretien, etc.... tous les soins médicaux et pharmaceutiques quelconques. »

L'expérience de cinq années vient de démontrer que c'est là un chiffre minimumau-dessous duquel il serait difficile de descendre.

A Scheveningue, les prix de journée sont de :

     2 francs pour les malades payants.

     1 fr. 50 pour les malades assistés.

A Middlekerque :

     3 francs pour les malades payants.

     2 fr. 50 pour les enfants assistés.

A Berck-sur-Mer :

     2 fr. 10 pour les malades gratuits.

Je ne connais qu'un seul établissement qui traite nos malades à meilleur compte, c'est l'établissement privé que les sœurs Bernardines viennent de créer à Calais. Elles offrent en effet de prendre les enfants moyennant 1 franc 40 par jour. Diverses considérations peuvent motiver cette offre aux familles, et les maisons religieuses se créent généralement des ressources que nous ne demandons pas aux mêmes sources. Le prix primitif doit donc être maintenu.

Organisation des services.

Les garçons sont installés dans la partie ouest des bâtiments avec séparation complète entre les deux sexes. Dortoirs, réfectoirs, salles de récréations, salles d'études, lingerie, lavabos, cabinets, tout est en double, pour les garçons et pour les filles.

Emploi du temps : Lever....... 6 heures pour les grands.

                                         6 heures 1/2 pour les petits.

                   Déjeûner... 7 heures.

                                           Visite médicale, exercices et jeux.

                   Bain.... ... 10 heures 1/2, sur prescription du médecin.

                   Dîner....... 12 heures.

                                           Jeux, promenade à la plage jusqu'au

                   Goûter..... 5 heures.

                   École.. ... 5 heures à 6 heures.

                   Souper.... 7 heures.

                   Coucher... 8 heures.

Cet emploi du temps est sensiblement celui de tous les Sanatoria. En Italie, par exemple, il y a bain de mer matin et soir ; à 9 heures le matin, à 3 heures 1/2 le soir. A Middelkerque, pendant l'hiver, les bains de mer à la lame sont remplacés par des bains chauds d'eau de mer. Cette amélioration à introduire dans notre organisation générale est étudiée en ce moment par le Conseil d'administration.

A Scheveningue, même emploi du temps ; à Margatte : lever à 6 heures ; déjeûner à 8 heures ; bain à 9 heures 1/2 ; dîner à 1 heure ; goûter à 4 heures ; souper à 7 heures ; coucher 8 heures 1/2 à 9 heures 1/2.

On remarquera certainement que l'École tient ici peu de place dans nos préoccupations, la santé du corps primant tout le reste. Toutefois, pour ne pas laisser oublier aux enfants ce qu'ils pourraient avoir appris, ou pour leur apprendre les choses élémentaires, une leçon d'une heure leur est faite, par la surveillante de la section des filles, ancienne institutrice.

Pour aider au développement physique des enfants, des trapèzes, barres fixes, anneaux, balançoires, barres parallèles ont été installés dans les cours de chacune des sections.

Un hangar-abri a été construit pour permettre aux enfants de jouer en plein air, pendant les mauvais temps ; les cours, d'ailleurs, sont macadamisées et les trottoirs pavés autour des bâtiments.

Voilà pour l'existence de ces petits malheureux et comme il n'est pas bon que rien de ce qui les concerne soit ignoré de leurs parents, des familles ou des hospices qui nous les ont confiés, M. Vancauwenberghe a organisé un service de renseignements, sous forme de bulletins mensuels, qui sont adressés régulièrement à ceux qui touchent de plus près aux petits malades et où se trouvent des indications précises sur leur état de santé.

Ces bulletins de renseignements établis par M. le Secrétaire de la Commission administrative, après avis du médecin traitant, sont visés par M. le Maire de Saint-Pol, et établissent un lien permanent entre les familles et le Sanatorium.

Au point de vue religieux, l'administration du Sanatorium se conforme absolument aux désirs des familles. L'instruction religieuse est donnée aux enfants par l'institutrice. Tous les dimanches, les enfants qui peuvent se rendre à l'église y sont conduits. Le clergé de Saint-Pol est, d'ailleurs, à la disposition du Sanatorium lorsque ses services y sont réclamés.

Personnel.

Le personnel médical comprend, outre M. le docteur Bernard, chirurgien en chef, qui habite Saint-Pol et visite chaque matin tous les enfants, M. le docteur G. Duriau, de Dunkerque, médecin adjoint qui fait au Sanatorium une visite générale hebdomadaire et s'y rend d'ailleurs, chaque fois que M. le docteur Bernard réclame son concours.

M. le docteur F. Duriau, médecin en chef de l'hospice civil de Dunkerque, médecin-consultant.

M. le docteur Vézien, ancien médecin principal des armées, chirurgien-consultant.

M. Ségal, chirurgien-dentiste qui visite chaque quinzaine tous nos enfants pour les soins et l'entretien de la bouche.

Le personnel administratif comprend le surveillant général dont la femme est cuisinière ; le jardinier dont la femme est chargée des lessives ; d'un nombre suffisant de servantes-infirmières.

Toute la section des filles est placée sous la surveillance d'une demoiselle d'un certain âge, ancienne institutrice, très méritante, ayant à côté d'elle une jeune fille qui s'occupe à la lingerie. Ces deux personnes couchent au milieu des petites filles ; de même que le surveillant général occupe une chambre enclavée au milieu des dortoirs des garçons.

Le Conseil d'administration s'occupe directement de toutes les questions de comptabilité et d'administration intérieure ou générale conformément à l'article 5 de la convention.

« Le Sanatorium sera dirigé par une commission administrative dont la composition » et les attributions seront déterminés par le Conseil municipal.

» M. le Préfet du Nord pourra, à toute époque de l'année, envoyer un inspecteur à » l'effet de s'assurer de l'état des pensionnaires entretenus par le département.

» Cette commission réglera tous les détails de service intérieur de l'hôpital ; elle » procédera aux achats, passera les marchés, choisira et nommera le personnel, sauf » approbation du Conseil municipal »

Régime alimentaire.

Voici le type des menus dressés chaque semaine et soumis à l'approbation de M. le Président de la Commission administrative :

JOURS.	DÉJEUNER.	DINER.	GOUTER.	SOUPER.
Lundi....	Lait pur, pain et beurre.	Soupe aux légumes. Bœuf rôti, pommes de terre. Pain, bière.	Pain et Beurre.	Lait battu. Fromage. Pain et bière.
Mardi....	d⁰	Soupe à l'oseille. Cotelettes mouton, riz au gras. Pain et bière.	d⁰	Salade de haricots. Pruneaux au jus. Pain et bière.
Mercredi..	d⁰	Soupe au lard. Lard et légumes. Pain et bière.	d⁰	Lait battu. Fromage. Pain et bière.
Jeudi.....	d⁰	Julienne, veau rôti. Plan de pommes de terre. Pain et bière.	d⁰	Riz au gras. Pain. Bière.
Vendredi.	d⁰	Soupe aux choux. Saucisses, purée de choux. Pain et bière.	d⁰	Purée de pois au lard. Pain. Bière.
Samedi...	d⁰	Bouillon. Bœuf bouilli, légumes. Pain et bière.	d⁰	Ragoût aux carottes. Pain. Bière.
Dimanche.	d⁰	Soupe aux haricots. Civet de lapin, pommes de terre. Pain et bière. Fromage. Gâteaux et vin.	d⁰	Paté de tête de porc. Pain. Bière.

Menu de Middelkerque.

JOURS.	DÉJEUNER.	DINER.	GOUTER.	SOUPER.
Lundi....	Soupe au lait, 25 décil.	Potage 250 grammes. Viande 120 » Pois secs 60 »	Fromage 40 gr.	Potage 250 gramm. Ragoût 160 » Pommes de terre 160 »
Mardi....	d⁰	Viande 120 grammes. Potage 250 » Lentilles 60 »	Fruits.	Bouillon 250 gramm. Viande bouillie 160 » Légumes frais 160 »
Mercredi..	d⁰	Potage 250 gramm. Poisson 160 » Pommes de terre 160 »	Fromage.	Potage gras 250 gramm. Bœuf accomodé 150 » Légumes frais 160 »
Jeudi	d⁰	Potage 250 grammes. Viande 120 » Fruits cuits 60 »	Fruits.	Potage 250 grammes. Viande rôtie 120 » Riz au gras 20 »
Vendredi.	d⁰	Potage 250 grammes. Poisson 160 » Haricots secs 60 »	Fromage.	Potage 250 gramm. Poisson 160 » Pommes de terre 160 »
Samedi...	d⁰	Potage 250 gramm. Viande 120 » Légumes saison 160 »	Fruits.	Bouillon 230 gramm. Viande bouillie 160 » Fruits cuits 60 »
Dimanche,	d⁰	Bouillon 250 grammes. Viande 120 » Légumes frais 160 » Riz au lait.	Fromage.	Bouillon 250 gramm Viande bouillie 160 » Fruits cuits 60 »

Garçons...... Pain 360 grammes...... (mention portée verticalement dans la colonne GOUTER.)

A Middelkerque, les garçons touchent 360 grammes de pain et les filles 320 grammes et tous uniformément 500 grammes de bière.

Voici pour la comparaison le régime des « ospizii marini » en Italie :

Déjeûner...   Café au lait, pain blanc à discrétion.
Dîner.......   Bouillon, 2 plats de viande, légumes, pain et vin.
Goûter .....   Pain et fruits.
Souper .....   Soupe grasse, rôti chaud, pain et vin.

A Margatte :

Déjeûner...   Café, pain et beurre.
Dîner.......   Potage, viande et légumes.
Goûter .....   Thé, pain et beurre.
Souper .....   Pain et beurre avec lait ou bière.

A Beck-sur-Mer :

Déjeûner...   Soupe au lait ou chocolat.
Dîner.......   Potage gras, viande rôtie, légumes et dessert.
Goûter.....   Pain avec beurre, fromage, fruits ou confitures.
Souper.....   Soupe, ragoût, œufs ou poissons, et légumes.

La boisson alimentaire est la bière du pays.

Notre régime alimentaire est donc sensiblement le même que celui de tous les sanatoria. A des enfants qui n'ont eu chez eux qu'une nourriture pauvre et misérable, il faut donner un régime fortement azoté. Toute pauvreté du sang, disait Barellaï, le fondateur des hospices maritimes italiens, et la scrofule plus que tout autre, exige une nourriture substancielle, dont la viande constitue le principal élément. La mer qui accroît l'appétit, augmentera également les forces digestives et la puissance d'assimilation.

Le lait nécessaire pour le repas du matin et celui qui forme le fond de l'alimentation des bébés de deux à quatre ans, toujours au nombre d'une dizaine, est fourni par des vaches qui appartiennent au sanatorium et qui paissent dans les prés qui en dépendent. La basse-cour fournit en abondance des œufs frais pour nos jeunes malades. Un magnifique jardin donne largement les légumes nécessaires à l'établissement et permet avec les eaux grasses des cuisines l'entretien de la porcherie.

La boisson ordinaire est la bière forte du pays, de première qualité, les enfants en boivent un demi-litre par jour.

Les dimanches et jours de fête, nos malades ont des gâteaux et du vin, des fruits en été. Des rations supplémentaires de vin sont distribuées sur prescription du médecin-traitant, aux enfants qui ont besoin d'un régime spécial, arrêté par lui.

Traitement.

Nos enfants prennent le bain à la lame pendant la belle saison et aussi souvent que le temps le permet, mais ce n'est pas le bain qui tient la plus large place dans le traitement marin.

Dès 1874, à Lille, au Congrès annuel de l'Association française pour l'avancement des sciences, M. le docteur Frédéric Duriau, dans son mémoire remarquable sur la scrofule aux bains de mer du Nord, établit la prépondérance de l'action atmosphérique au bord de la mer, sur celle des bains. En 1877, le docteur Gibert, au Havre, fait ressortir l'influence prophylactique et curative de l'air marin sur la scrofule des enfants de la ville.

Dans son travail sur les bains de mer dans la scrofule, ouvrage couronné par l'Académie de médecine en 1884, M. le docteur Van Merris traçait les règles qui devaient présider à notre organisation. La scrofule, écrit-il, est une déchéance de l'organisme, vice ou virus, diathèse ou dystrophie, peu importe, cet organisme doit être relevé. Dès lors, il faut faire appel à toutes les ressources de l'hygiène, hygiène du régime et du logement, vie au grand air et au soleil, c'est-à-dire, en un mot, alimentation plastique d'abord. Je dirai presque suralimentation ; et, ensuite, cette autre alimentation aérienne et respiratoire, plus nécessaire encore que la première, et qui est le "pabulum vitæ" d'Hippocrate Ajoutez à cela quelques modificateurs spéciaux, l'iode et l'huile de foie de morue et vous aurez le traitement souverain de la scrofule et de la plupart de ses manifestations.

La médication marine est, de toutes, celle qui répond le mieux à ce double programme.

Nos malades vivent donc constamment au grand air ; nous avons vu que des abris spéciaux pour le cas de mauvais temps, ont été aménagés pour eux. Le Sanatorium étant installé sur la digue de la mer, les enfants n'ont que quelques pas à faire pour être sur la plage. Des voitures à bancs y mènent les plus malades qui restent assis ou couchés sur le sable, si leur âge, leur faiblesse ou quelque lésion des membres leur imposent le repos. Autour d'eux, selon le tableau qu'en traçait O. d'Haussonville, les autres plus forts, plus vaillants, s'amusent à creuser des trous dans le sable, à tracer des rigoles et des canaux que l'eau viendra remplir, à élever de petites montagnes et des fortifications passagères, destinées à être démolies par la vague prochaine. Ils se livrent à la course, à des jeux plus actifs qui développent leur santé et leur vigueur, leur donnent l'oubli de leurs misères et leur font pousser des cris de joie, tout comme ces beaux enfants frais et roses qui s'amusent sur le sable de nos stations de bains de mer. Spectacle consolant de voir que ces salutaires plaisirs du jeune âge, qui font la vie et l'ornement de nos plages à la mode, sont partagés par l'enfance pauvre et que ceux qui en ont le plus besoin n'en sont pas les seuls déshérités.

Ce qu'il y a de remarquable, c'est la rapidité avec laquelle l'air salubre de la mer fait sentir ses effets sur les jeunes malades que l'on amène au Sanatorium, et qui le plus souvent, viennent de passer de longs mois dans les salles des hôpitaux des villes. Au bout d'un mois, l'influence de la mer est déjà fort sensible et les enfants semblent transformés. Il n'est pas un des visiteurs du Sanatorium aux lèvres duquel ne soit venue cette phrase : « Mais, ces enfants n'ont pas l'air malades ». Cependant, la majeure partie de ces succès, rapidement obtenus, sont de simples améliorations, si le traitement est de courte durée. Ces améliorations se transforment en guérison complètes et définitives, en prolongeant suffisamment le traitement. Nous sommes entrés dans cette voie, au grand profit des malades qui nous sont confiés, surtout quand il s'agit des plus graves manifestations d'une diathèse si tenace (ostéites, caries vertébrales, tumeurs blanches et coxalgies par exemple).

Nous avons vu plus haut que la Commission administrative étudie en ce moment l'installation de bains de mer chauds, singulièrement stimulants et qui peuvent être administrés à tout le monde en toute saison. Ils seront précieux, selon les indications de M. Van-Merris, non seulement pour les enfants irritables et nerveux, mais à ceux que leur âge, leur maladie, leur faiblesse originelle empêchent de recourir au bain à la lame ; aussi aux petits enfants atteints d'une maladie qui nécessite une intervention prompte et énergique (carreau, rachitisme, mal de Pott), et à ceux que la délicatesse de leur poitrine ou la susceptibilité des muqueuses respiratoires empêchent de se découvrir sur la plage.

La Commission étudie également l'installation d'une salle d'hydrothérapie marine où les douches se donneront sous toutes les formes et à toutes températures : douches en jet, en pluie, en colonne, en arrosoir, douches filiformes ; douches froides, chaudes, alternées, écossaises. Il semble, en effet, d'après les résultats obtenus, que l'action des douches marines est bien plus considérable que celle des douches ordinaires. Les premières sont aux secondes, dit M. le docteur Lemarchand, qui en fait un grand usage au Tréport, ce que le bain de mer lui-même est au bain froid ordinaire.

Nous avons établi au Sanatorium un service de mensurations qui nous permet de suivre de semaine en semaine, l'amélioration générale obtenue.

C'est tout d'abord par la taille que se voit le mieux l'influence de la médication marine sur les jeunes sujets. On ne croirait jamais, dit M. Van Marris, combien la croissance d'un enfant peut être favorisée par le séjour à la mer. On voit de ces petits rachitiques, noués, déformés, mal venus, arriérés en un mot, qui paraissent avoir 4 ou 5 ans de moins qu'ils n'ont en réalité et qui tout d'un coup se mettent à pousser et à regagner le temps perdu. Le docteur Perrochaud a fait connaître à la Société de chirurgie, une centaine de cas d'enfants rachitiques, dont les jambes pliées se redressaient, dont le rachis incurvé s'élançait, qui se dénouaient en un mot, grâce à leur séjour prolongé à Berck ; à lire ses observations on dirait qu'il s'agit de petits arbres rabougris qui transplantés dans un terrain meilleur reprennent tout-à-coup une sève nouvelle.

Voici par exemple la taille de nos enfants à leur arrivée et au départ, avec l'indication de la durée de séjour.

Année 1888.

NOM DE L'ENFANT.	NOMBRE DE JOURNÉES de traitement	TAILLE		DIFFÉRENCE
		à l'arrivée.	au départ.	
Bégue	137	1m585	1m600	0m015
Maes.	137	1 470	1 510	0 040
Depauw	137	1 280	1 317	0 037
Bertrand	137	1 390	1 398	0 008
Boussingault	137	1 390	1 408	0 018
Bourgeois	137	0 820	0 828	0 008

Année 1888 *(suite)*.

NOM DE L'ENFANT.	NOMBRE DE JOURNÉES de traitement	TAILLE		DIFFÉRENCE
		à l'arrivée.	au départ.	
Leroy	137	1ᵐ350	1ᵐ378	0ᵐ028
de Volmy	137	1 300	1 318	0 018
Mulliez	137	1 »	1 056	0 056
Brousse	137	1 020	1 037	0 017
Boutard	137	1 170	1 198	0 028
Lannoy	137	1 210	1 218	0 008
Buffe	137	1 085	1 120	0 035
Bernard	137	1 »	1 028	0 028
Salez	137	1 220	1 238	0 018
Couvreur	137	0 860	0 888	0 028
Blervacque	130	0 990	1 030	0 040
Blervacque	130	1 190	1 208	0 018
Cousin	75	0 940	0 958	0 018
Masset	137	1 300	1 318	0 018

D'après les recherches de Villermé, Tenon et Quételet, à partir de 5 à 6 ans, l'accroissement de la taille des enfants est à peu près régulier jusqu'à 16 ans environ et le taux de cet accroissement annuel est de 5 centimètres à peu près.

C'est là une moyenne prise sur des enfants qui se développent normalement.

Or, chez nos malades chétifs, d'une taille inférieure à celle de leur âge, en faisant la moyenne pour les 20 enfants confiés à nos soins pendant 1888, nous trouvons une augmentation de taille de 0,025. c'est-à-dire qu'ils ont gagné en trois mois l'équivalent de ce que gagne un enfant ordinaire en six mois et de ce qu'eux-mêmes auraient mis un an à acquérir.

Périmètre thoracique.

Nous prenons également le périmètre thoracique de nos malades à l'arrivée et au départ. Ce facteur, en effet, est important ; l'ampleur de la cage osseuse de la poitrine est l'un des signes les plus caractéristiques de bonne constitution. En effet, le périmètre thoracique donne une idée approximative de la capacité pulmonaire, c'est-à-dire de la capacité vitale.

En prenant la moyenne des chiffres du tableau suivant, nous voyons que ces 28 enfants sont restés en traitement un an et quelques jours en moyenne, et qu'ils ont gagné, l'un parmi l'autre, dans ce temps, 29 millimètres de périmètre thoracique.

Or, il résulte des études qui ont été faites par Quételet, Pagliani et d'autres anthropologistes, que le développement moyen annuel des enfants de 5 à 6 ans, jusqu'à 16 ans, est de 16 millimètres. Il se trouve donc que nos malades ont acquis en un an près du double du développement annuel moyen. Cet élargissement de la cage thoracique est dû, selon M. Van Merris, aux bains, à la vie à la mer, c'est-à-dire la respiration constante de l'air marin, et partant, à une gymnastique assidue des poumons, à des inspirations de plus en plus fortes et des ampliations progressivement plus considérables.

Voici les chiffres enregistrés pour l'année 1891 :

NOMS DES ENFANTS	DURÉE du TRAITEMENT.	PÉRIMÈTRE THORACIQUE		DIFFÉRENCE
		à l'arrivée.	au départ.	
Declercq	60	0^{m}680	0^{m}695	0^{m}015
Bertrand	577	0 725	0 750	0 025
Derlique	139	0 615	0 630	0 015
Gaudron	195	0 540	0 560	0 020
Malezieux	534	0 805	0 840	0 035
Descamps	139	0 650	0 680	0 030
Bourgeois	213	0 570	0 620	0 050
Deborgher	534	0 705	0 740	0 035
Margat	365	0 680	0 690	0 010
Verlacq	139	0 630	0 670	0 040
Auguenard	153	0 650	0 680	0 030
Gruet	544	0 740	0 780	0 040
Boidin	361	0 630	0 645	0 015
Alleaux	359	0 650	0 675	0 025
Champagne	359	0 620	0 640	0 020
Lalecte	734	0 530	0 555	0 025
Lefort	359	0 795	0 840	0 045
Gross	359	0 810	0 825	0 015
Hégel	485	0 560	0 580	0 020
Liénaert	359	0 620	0 650	0 030
Hannequin	485	0 530	0 580	0 050
Gaffinet	529	0 520	0 545	0 025
Lahaye	405	0 560	0 605	0 045
Cousin	383	0 590	0 620	0 030
Marliot	396	0 530	0 555	0 025
Duvet	394	0 375	0 540	0 065
David	206	0 590	0 630	0 040
Delerue	187	0 640	0 665	0 025

Poids.

Voici les résultats enregistrés pendant l'année 1889 :

NOMS DES ENFANTS.	DURÉE DU TRAITEMENT.	POIDS		DIFFÉRENCE.
		A L'ARRIVÉE.	AU DÉPART.	
		k.	k.	k.
Dhondt	1.218	10,400	18,200	7,800
Barré	813	16,100	19,500	3,400
Sirot	182	18,300	20,200	1,900
Duleu	812	19,100	23,400	4,300
Dumont	469	19,100	21,000	1,900
Méresse	469	28,800	29,000	0,200
Martin	812	20,700	25,500	4,800
Beague	1.036	21,600	29,500	7,900
Masquelier	183	21,700	27,200	5,500
Salez	1.036	23,200	31,200	8,000
Buf	371	21,000	25,000	4,000
Dutilly	1.016	36,900	45.700	8,800
Pannier	469	25,800	31,000	5,200
Depauw	376	23,800	30,500	6,700
Daigremont	643	49,200	59,700	10.500
Maes	75	40,500	44,800	4,300
Wainèque	183	31,400	36,300	4,900
Marsier	183	40,200	47,000	6,800
Jourdain	183	22,400	26,000	3,600
Despretz	666	7,600	13,800	6,200
Lüne	469	15,600	21,500	5,900
Broutin	469	25,500	29,500	4,000
Bertrand	469	42,400	36,600	5,800
Lemaire	1.172	23,900	42,000	18,100
Depoortère	469	43,400	50,400	7,000
Galliau	22	18,100	18,600	0,500
Kreles	154	20,200	21,200	1,000
Deudon	448	16,100	19,600	3,500
Monnier	414	13,900	16,500	2,600
Bath	179	14,400	16,400	2,000

Il ressort de ce tableau que pour une période moyenne de 16 mois, l'augmentation moyenne pour nos malades a été de 5 kilog. 247, c'est-à-dire une augmentation moyenne de 0,327 grammes par mois.

Quételet a calculé qu'un enfant de 6 à 15 ans doit gagner 1,15 % de son poids par mois, or, d'après notre statistique le poids moyen de chacun de nos malades étant de 25 kilogr., l'augmentation moyenne de poids par mois est de 1,32 %, c'est-à-dire 0,17 % de plus que la moyenne pour les enfants bien portants. Le poids du corps n'est qu'un facteur de la vigueur physique : c'est le dynamomètre, qui, méthodiquement employé, marque d'une façon manifeste les acquisitions faites de ce chef.

Voici quels résultats ont été obtenus au Sanatorium. Je prends 40 enfants, en remontant de 1892, et qui ont quitté le Sanatorium :

NOMS DES ENFANTS.	DURÉE DU TRAITEMENT.	FORCE DYNAMOMÉTRIQUE		DIFFÉRENCE
		A L'ARRIVÉE.	AU DÉPART.	
	journées.			
Chavatte	207	10	45	35
Lanoir.	125	18	30	12
Delerue	187	25	40	15
David	206	0	10	10
Cousin	383	0	15	15
Patigny	76	75	90	15
Rycbusch	15	60	70	10
Lahaye	405	12	45	33
Goffinet	529	5	15	10
Liénaerd	359	10	25	15
Gross	359	35	90	55
Lefort	359	50	110	60
Boidin	361	15	25	10
Gruet	544	45	90	45
Auguenard.	153	48	85	37
Voilac	139	40	75	35
Margat	365	30	65	35
Deborgher	534	60	135	75
Bourgeois	213	0	10	10
Descamps	139	23	26	3
Malezieux	534	70	20	50
Berlique	139	8	15	7
Bertrand	577	60	75	15
Declercq	60	0	10	10
Achet	98	20	35	15
Blervacque	130	25	30	5
Salez	137	23	25	2
Bernaert	137	20	22	2
Lannoy	137	38	40	2
Boutard	137	30	35	5
Brousse	137	18	19	1
Bègue	137	90	120	30
Maës	137	67	90	23
Depauw	137	35	40	5
Bertrand	137	40	45	5
Boussingault	137	75	95	20
Leroy	137	55	60	5
Valmy	137	40	45	5
Masset	137	48	50	2
Mulliez	137	23	25	2

D'après ce tableau, pour une moyenne de 7 mois de traitement, nos malades accusent une augmentation moyenne de force dynamométrique, c'est-à-dire de force musculaire, de 18 k. 65. Cette moyenne est remarquable, elle donne pour un mois 2 k. 66 d'augmentation de force.

Tous ces résultats statistiques sont satisfaisants ; ils seront relevés avec soin chaque année et bientôt il nous sera possible de les classer par catégories d'affections et de tirer des règles fixes pour le traitement, en prévoyant les résultats qui devront être obtenus si la maladie évolue normalement vers l'amélioration.

Conclusions.

Dans notre rapport de 1891, nous écrivions :

« Le pavillon Alphonse Bray où est établi l'hôpital maritime ne doit être considéré que » comme un embryon, il faut l'entourer le plus tôt possible de pavillons hygiéniques et » économiques ne renfermant que le nécessaire, c'est-à-dire de vastes dortoirs ; les » services généraux actuels pouvant suffire à cet agrandissement. »

M. Vancauvenberghe a fait construire depuis un nouveau pavillon et nous avons pu, jusqu'ici, grâce à cette construction nouvelle, accueillir favorablement toutes les demandes d'admission.

La place allait nous manquer encore, quand fort heureusement nous avons obtenu 26,000 francs provenant du « pari mutuel » et dès le mois d'octobre nous disposerons de 60 places nouvelles. Assurément ce n'est qu'un premier pas ; notre plan d'ensemble comprend six pavillons nouveaux ; nous poursuivrons notre œuvre avec patience, afin d'arracher à la scrofule et au rachitisme le plus grand nombre possible des malheureuses petites victimes qu'ils déforment et défigurent de la plus effroyable façon et dont ils font pour toute la vie des parias et des souffreteux à la charge de la société.

Nos constructions appartiennent au type linéaire à pavillons isolés, sans ailes de retour ; elles sont en briques et revêtement intérieur en bois avec toiture reproduisant la forme ogivale du système Tollet et fenêtres opposées.

Elles répondent ainsi à notre programme, elles sont hygiéniques et économiques.

Il est bon d'ajouter aussi qu'elles sont parfaitement suffisantes et bien appropriées à leur destination. Voici en effet ce qu'écrit M. le médecin-inspecteur Arnould, le professeur d'hygiène si distingué, sur l'hôpital-baraque de Berck-sur-Mer, qu'il préfère à l'hôpital monumental qui a été construit à côté de lui.

On sait que le petit hôpital de Berck est un bâtiment fort simple, moitié baraque, moitié châlet. Il se compose de deux pavillons rectangulaires reliés entre eux par deux galeries vitrées qui leur sont perpendiculaires et qui concourrent à enserrer une cour abritée de toutes parts contre la bise et les vents trop violents de la mer.

Ce petit hôpital-baraque, dit M. Arnould, me paraît avoir beaucoup de mérites que l'on ne trouve plus dans le grand monument qui s'élève à côté de lui. Il est fort simple, se composant uniquement de briques et de planches peintes et par conséquent de construction facile, économique et rapide. En y comprenant tout, terrain, main-d'œuvre et mobilier, sa dépense ne dépassa pas 112.118 francs ; la première pierre en fut posée le 27 mars et trois mois après, le 2 juillet, il put recevoir ses cent premiers malades. A tous ces titres, il est précieux, et le jour où l'administration de l'Assistance publique, ou bien quelque département serait déterminé à continuer et à reprendre l'expérience de Berck, c'est peut-être ce petit hôpital qu'il conviendrait d'imiter. Il est très hygiénique, les salles prennent toute la longueur des deux pavillons et par conséquent ont des fenêtres opposées. Une expérience, qui date aujourd'hui de plus de 20 ans, témoigne de leur salubrité ; on n'y a jamais constaté d'épidémie, malgré la présence de tant d'enfants, tenant à la fois de leur âge et de leur maladie, une si grande propension à la naissance et à la propagation des contagions. Jamais non plus les rapports des médecins n'y ont signalé soit des érysipèles, soit des pourritures d'hôpital, soit des accidents de diphthérie. Enfin la preuve qu'ils maintiennent leur renom d'exquise salubrité, c'est qu'on les réserve aujourd'hui à une catégorie de malades pour lesquels on a d'habitude des attentions particulières, les enfants dont les familles paient l'entretien.

En même temps que cette construction nouvelle, le Comité d'administration traitait avec la Compagnie des eaux de Dunkerque pour l'amenée des eaux de Houlle, dont le Sanatorium est doté aujourd'hui. Ce sont les meilleures eaux potables que l'on rencontre dans le Nord de la France. L'analyse chimique en a été faite par M. Carnot, ingénieur en chef des mines, au laboratoire de l'École nationale des mines, et rapportée par M. Kremp, professeur au collège de Dunkerque. Elle a fourni les résultats suivants :

Résidu fixe par litre	$0^{gr}\cdot3220$
Silice	0, 0130
Bicarbonate de chaux	0, 3686
dᵒ de magnésie	0, 0253
dᵒ de protoxyde de fer	Traces
Sulfate de chaux	$0^{gr}\cdot0093$
Chlorure de potassium	Traces
dᵒ de sodium	$0^{gr}\cdot0261$
Matières organiques	0, 0012

Le Docteur G, Pouchet, rapporteur du Comité d'hygiène de France, déclare que les résultats des examens chimiques et biologiques, concordent pleinement pour démontrer la grande pureté de l'eau des sources de Houlle.

Tout est donc prêt au Sanatorium pour recevoir un grand nombre d'enfants, les services administratifs et la Commission administrative sont bien constitués, de nouvelles places sont créées, les résultats acquis sont aussi satisfaisants que possible, nous pouvons donc en toute confiance solliciter du département que le chiffre des enfants scrofuleux et rachitiques à envoyer par lui soit porté de 50 à 100 au lieu de 25 à 50.

En même temps, nous pouvons solliciter des pouvoirs publics de nouveaux subsides pour la création des nouveaux pavillons projetés et dont l'utilité ne saurait être discutée dans ce département du Nord si riche, mais si chargé de population ouvrière, misérable et scrofuleuse. Ce serait une erreur de ne voir dans l'application des bains de mer, à l'extinction de la scrofule, qu'une question d'hygiène et de thérapeutique, comme le pense fort justement M. Van Merris. En jetant nos regards plus haut, on y découvre l'un des problèmes les plus élevés qui s'imposent aux méditations des philosophes et dont la solution incombe à la société moderne. Si, en effet, les bains de mer guérissent les scrofules, lorsqu'on les attaque dans la tendre enfance, n'est-ce pas un devoir social de permettre aux enfants des déshérités d'en faire usage ? n'est-ce pas aussi un devoir patriotique de faire de ces souffreteux des hommes, des hommes qui, au lieu de rester à charge de la Patrie, l'enrichiront par leur travail et augmenteront, quand viendra l'heure des épreuves décisives, le nombre de ses défenseurs.

Le Président de la Commission administrative,

G^{cs} VANCAUWENBERGHE.

L'Administrateur,
Secrétaire délégué de la Commission,

Dr G. DESMONS.